AF226174

WE USED TO CALL HER MOTHER

Мы ее называли матерью

Anne Eastman Yeomans

Энн Истман Йоманс

Poems in English © 2025 by Anne Eastman Yeomans
Poems Translated into Russian © 2025 by Marina Badkhen
Prose Translated into Russian 2025 by Anna Savolainen

First printing: ISBN 979-8-9909982-7-8
2026 printing: ISBN 978-1-971030-04-3
Printed in the United States of America

This book is a project of the Uniterra Foundation.

Book and Cover design by Maureen Moore
Booksmyth, Shelburne Falls, MA

Published by Green Fire Press, Housatonic, Massachusetts

Green
Fire
Press

Housatonic
Massachusetts

FOR GAIA

EARTH MY BODY
WATER MY BLOOD
AIR MY BREATH
FIRE MY SPIRIT

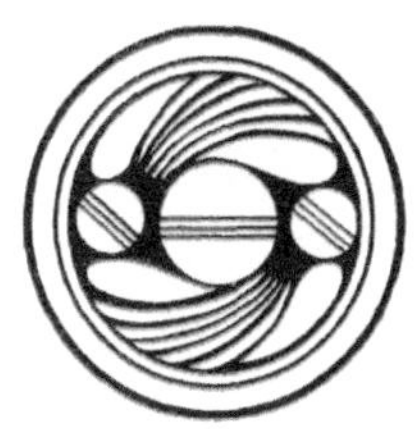

Посвящается Гее, Богине Земли

Дай моему телу силу земли,
Дай силу воды моей крови,
Дай воздух моему дыханию,
И огонь моему духу.

ПРЕДИСЛОВИЕ

В ЭТОТ СБОРНИК ВОШЛИ 12 стихотворений, написанных за 30 лет, в течение которых я искала себя, свой голос и свой путь в жизни. Они стали неотъемлемой частью моего исцеления в сакральных женских кругах, сначала как участницы, а затем как ведущей и поэтессы.

Как и многие из тех, кого я знала, я выросла в мире, где божественное, самое святое, называлось Отцом, Господом, Владыкой, Им. Для нас это было совершенно естественно. Такова была наша повседневная реальность, атмосфера, в которой мы жили, и мы не часто об этом задумывались. Но что случилось с Матерью и Дочерью? Какая участь постигла ее - Божество в женском обличии? И что произошло с силой сестринства? Какой мир мы создали без этих голосов, без этой мудрости и силы?

Эти стихи воспевают Принцип Матери или Мать-Мудрость, ту энергию, которая необходима для создания того, что часто называют «культурой заботы». Она включает в себя искусство слушать, способность к состраданию, внимание к взаимоотношениям, в том числе заботу и защиту тех, кто наиболее уязвим, а также чувствительность к пространству между людьми и нашу глубокую взаимосвязанность друг с другом, с миром и всеми его созданиями. Эти качества присущи всем людям и крайне важны для обретения гармонии, целостности и устойчивого будущего. Моя жизнь кардинально изменилась с тех пор, как я начала исследовать эти темы. Она наполнилась светом, радостью и легкостью. Сомнения утратили свою власть надо мной. Я начала доверять своему внутреннему знанию, правде своего опыта и интуиции. Мое дыхание стало глубже. Я ощутила устойчивость и связь с чем-то сильным, прекрасным и могущественным.

Словно давно дожидаясь своего часа, начали появляться стихи. Это было так удивительно.

THESE TWELVE POEMS came to me over a thirty-year period when I was searching for myself, for my voice and for my way of being in the world. They came as part of my healing through women's sacred circles—first as a participant, and then as a "holder" of circles and as a poet.

I, like most of the people I knew, grew up in a world where the Divine, the most sacred, was called Father, Lord, Master, and He. We didn't think much about it; it was just the way things were. It was the water we swam in, and the air we breathed. But what happened to the Mother and the Daughter, what happened to Her, to the Divine as female, and also to the power of the sisterhood? What kind of world have we created without these voices, and without this wisdom and power?

These poems affirm the Mother Principle, or Mother Wisdom, the energies that are needed to create what some have called a "culture of care." They include listening, compassion, attention to relationship, including care and protection of the most vulnerable, attention to the spaces between us, and to our interconnection with each other, and with the earth and its creatures—qualities which belong to all people and are essential for finding balance, wholeness, and a livable future.

As I began to explore these issues, my life changed profoundly. It got clearer, happier, and even easier. Doubt no longer had the upper hand. I was beginning to trust my own embodied knowing, the truth of my own experience, and my intuition. My breath dropped more deeply in my body. I felt solid, and connected to something strong, beautiful, and powerful.

Poems came. They surprised me, as if they had been waiting. In them I am asking—*How do we re-honor the Mother Principle, the Divine Feminine, and Mother Earth in a world which is increasingly out of balance? Together, can we awaken and grasp the seriousness of the time we are living in? Can we find our place*

В них я задаюсь вопросом: как мы можем вернуть почитание Принципам Матери, Божественному Женскому Началу и Матери-Земле в мире, который всё больше выходит из равновесия? Сможем ли мы пробудиться и осознать всю серьёзность времени, в котором живём? Сможем ли мы найти для себя то место, где вместе с другими людьми сможем работать над созданием культуры, созидающей жизнь, пока у нас еще есть на это время? Как сделать исцеление и расширение возможностей женщин, а также восстановление уважения к феминным принципам в каждом человеке частью этой новой главы в истории?

Стихи в этом сборнике представлены на английском и русском языках. Опыт проведения женских кругов в России, как лично, так и через Zoom, стал одним из самых значимых и трогательных в моей жизни. Я склоняюсь перед духом круга, где каждая точка окружности важна, и каждый участник равно удалён от центра.

to participate and work with others to create a life-sustaining culture while there is still time? How is the healing and empowerment of women and the re-honoring of the feminine principle in all people part of this new story?

These poems are offered here in both English and Russian. The circle work I did in Russia, both in person and online, was among the most meaningful and moving experiences of my life. I bow to the spirit of circle where every point on the circumference is essential, and every person is equidistant from the center.

Contact information: anneyeomans@gmail.com

For more information on circle work: womenswell.org
This website is in both English and Russian.

ONE

Мы ее называли Матерью

Мы ее называли Матерью
И прежде, чем взять, спрашивали.
Мы брали лишь то, в чем нуждались,
И возносили молитвы всякий раз, приступая к делу.
В те времена мы знали:
Она - наш источник,
Мы без Нее - ничто.

Теперь мы берем все, что можем,
Не преклоняя колен, без молитвы.
И когда запас иссякает,
Прибегаем к любому средству,
Чтобы брать снова и снова.
Взрываем горы, загоняем потоки воды в Ее недра,
Бурим все глубже, все безрассуднее.

Убиваем все, что считаем своим.

О Мать, когда же мы снова падем на колени,
Когда же вновь обратимся к тебе по имени?

WE USED TO CALL HER MOTHER

We used to call her Mother.
We used to ask before we took,
take only what we needed,
and pray before we even set out.
That was in the time when
we knew She was our source,
that we were nothing without Her.

Now, we take all we can.
There is no kneeling
and no prayer.
When what we want is gone,
we use any means
to get some more—
blow up mountain tops,
force streams of water into Her,
drill deep and dangerously.

We kill for what we think is ours.

Oh Mother, when will we
fall on our knees once again
and remember Your name?

Я слушала слишком долго

Я слушала слишком долго
отца, который все говорил и говорил,
но меня никогда не слышал.

Мужа, казавшегося таким уверенным,
даже, когда был совсем неуверен.

Мужчин, проповедовших в церкви,
произносивших с пышных кафедр,
высокие речи,
скрывая в своих подвалах столько секретов,
столько грязи,
столько разрухи.

И тех мужчин, неустанно
боровшихся за права женщин,
а после, уехав подальше,
платили двойную цену
за секс дорогой проститутке.

Мне так не хватает женских,
запинающихся в немоте стыда голосов,
говорящих правду.
Историй, живущих в молчании:
ведь в них невозможно поверить
бывает самой.

Пока что я слышу свою,
слышу, она ворочается
глубоко, среди старых обломков,
встает, отрясая осколки,
раздвигает старые кости,
стряхивает пелену
сомнений и страхов.
Медленно поднимаясь,

I HAVE LISTENED TOO LONG

I have listened too long
to my father who talked on and on
but heard none of my words

To the man I married
who always seemed so certain
even when uncertain

To men in churches
who spoke strong sermons
from ornate pulpits
but whose back rooms
were filled with secrets
and with shambles

To men fighting tirelessly
for women's rights
who paid high-priced prostitutes
for sex in other cities

I long for women's voices
for the stumbling wordlessness
for the truth behind the shame
for stories never told
nor even trusted

I listen now
for my own
hear it moving
amidst the rubble
rising through
broken shards
past splintered bones
shaking off shrouds
of doubt and fear

идет по ступеням из камня,
старым и древним ступеням,
но, в то же время, и новым.

Теперь впереди я вижу
маленькую часовню:
на вершине холма примостилась,
пока еще мне незнакома,
но чувствую -
все это время к ней
путь мой лежал. Я вступаю.

Глаза мои ищут в потемках
отблеск свечи на фигуре
женщины смуглой с ребенком.
«Мама, я здесь, я пришла».

traveling slowly
on old stone steps
steps both ancient
yet also new

Now I see ahead
the small chapel
at the rise of the hill
Though I did not know it
this has been my
destination all along

I enter, eyes searching
the flickering blackness
for the candlelit shape
of the dark lady
and her child
Mother, I am here

Полный круг

Кэти и Дебре, слишком рано нас покинувшим.

Когда Кэти положила глину
на алтарь в центре нашего круга,
я заплакала.

Она добыла ее своими руками
в долине Дордонь,
завернула поплотнее,
чтоб лучше сохранилась влага,
летела с ней в самолете,
спрятав от глаз таможни,
чтоб нам привезти.
Глина была из Франции, с откоса
вблизи пещеры, где тысячелетья назад
ее собирали люди, красную вместе с бурой,
чтобы лепить фигурки
женщин, округлых и полных,
широкобедрых, грудастых,
с вульвой, с насечками знаков
птичек парящих, бегущей
воды, луны, и зерен.

Дебра сказала:
Вот как когда-то выглядел Бог

Раньше, до Кэти, мы брали
глину из картонной коробки,
стоявшей в углу
с надписью «*Арт. Материалы*».
Мы вытаскивали ее на середину,
обычно после обеда.

Но когда Кэти положила глину на алтарь,
я заплакала так, как бывает, когда
что-то исправлено:
землю, которой так долго
не было в центре, вернули.

FULL CIRCLE
For Katy and for Deborah, gone too soon

When Katy put the clay on the altar
at the center of our circle, I wept.

She had dug it with her own hands
in the valley of the Dordogne
wrapped it well so it would stay moist,
carried it across the ocean on the plane,
hid it from customs officials
to bring it back to us.

She took it from a hillside near a cave
in France where millennia before
people who were our ancestors
had fashioned red and brown earth
into female figurines, round and full,
buttocks, breasts, and vulvas,
incised with marks of moving waters,
bird flight, moon and seed.

This is what God looked like,
Deborah said.

Before Katy
the clay would come
from a cardboard box in the corner
labeled art supplies,
and we would drag it forward
in the afternoon.

But when Katy put the clay on the altar,
I wept the tears that come
when something is made right again.
I wept for the living earth
gone from the center for so long.

Ее голос

Она обрела свой голос не сразу.
Его возвращение было долгим
и заняло почти всю ее жизнь.
Нет, даже много жизней.

HER VOICE

She did not always have her voice
It came back to her slowly
It took almost a lifetime
No—it took many lifetimes.

Пришло время

Говори,
Не жди!

Я слушала
голоса сомнений
слишком долго.

Говори сейчас,
Не жди.

Твое сердце? Да!
Прислушайся к его голосу.
Ему есть, что сказать.

Ты боишься?
Знаю, я тоже.

Вот, держись за мою руку.
Страх – всего лишь завеса,
через которую надо пройти.

Говори сейчас.
По ту сторону темноты – твои единомышленницы.

Они ждут,
ждут еще одного голоса.

It's time

Speak now,
Don't wait!

I listened
to the voices of doubt
far too long.

Speak now,
Don't wait!

Your heart? Yes!
Lean into it.
It has things to tell.

You are afraid?
I understand. I too.

Here, hold my hand.
The fear is just a curtain
we must go through.

Speak now.
On the other side of this darkness
are companions.
They are waiting,
waiting for one more voice.

Она
Читать нараспев, как песню или молитву

Она под землей,
Она – это чрево.
В темноте
Она приходит в движение,
Просыпается к жизни.
Мир без войны, кричит,
Подумай о детях, кричит.
Не только о своих и моих,
Обо всех детях, о каждом!
И снова она:
Я дала тебе эту жизнь,
Несла ее в своем теле,
Чтоб хранить и радоваться,
Холить и лелеять,
Чтоб она росла и расцветала,
Не для того, чтоб умерла молодой,
Не для того, чтоб была изувечена,
Убита или замучена.
Я несла для тебя эту жизнь,
Выращивала ее для тебя
В темноте своего чрева,
Была домом этому существу,
Это мой дар тебе.
В темноте своего чрева
Я была его домом,
Это мой дар тебе.
Я была его обителью
Девять долгих лун,
Была его домом,
Наливалась с его ростом,
Давала приют этому существу,
Тело мое было его домом,
От тела своего кормила,
Кормила его от соков своих.

SHE IS
To be read or spoken as a chant or a prayer

She is under the earth
She is womb
Deep in the dark
She is stirring
She is stirring
No more war she cries
Take care of the children she cries
Now she cries again
Not just yours and mine
All the children—every one!
Again she speaks
I brought you this life
I carried this life in my body to you
To hold and behold
To tend and to feed
To grow green
Not to die young
Not to be maimed
Or killed or tortured
I brought you this life
I carried it to you
In my dark place
I was a home for this being
It was my gift to you
In my dark place
I was a home for this being
It was my gift to you
I was a house for this being
For nine whole months
I was a house for this being
I swelled as it grew
I housed this being in my body
In my body I housed this being
I fed this being from my body
From my body I fed this being

Вот она,
Вот он.
Они здесь,
Посмотри!
Посмотри так, чтоб увидеть.
Пусть знают, как они желанны,
Пусть растут большими,
Пусть поют.
Пусть растут большими,
Пусть расцветают.
Я -мать
Чашка... стол... тарелка... суп... ложка
Это то, как я умею,
То, на чем стою,
То, как отстаиваю свой путь.
Чашка... стол... тарелка... суп... ложка

Here she is
Here he is
They are here
Look!
Let yourself see them
Make them welcome
Let them grow tall
Let them sing
Let them grow tall
Let them grow green
I am a mother
cup table bowl soup spoon
This is my way
In this way I take my stand
In this way I take my stand
cup table bowl soup spoon

TWO

Спой мне песню земли

Баубе

И у меня, как у Деметры, дочь
Отправилась в поля гулять когда-то.
Невинное, прекрасное дитя,
С подругами ушла играть, и больше
Не видели ее.

Ищу ее повсюду, средь всех живых:
По вечерам заглядываю в лица женщин,
Сидящих за столом у нас на кухне,
Когда на чашку чая забегают
Подружки сыновей, – и горячо
О чем-то с ними говорю. Ее пытаюсь
Найти в своих студентках, и во всех
Лишенных материнской ласки
Ничейных дочерей - таких так много.

Мой поиск бесконечен и упорен,
Меня переполняют гнев и горе:
«Как все это возможно!
Как такое могло произойти!»
Куда не посмотрю - одна дыра зияет: потеря дочери.

В иные дни
Не в силах шевельнуться
Сижу часами у колодца,
Уставив в землю взгляд и отказавшись
От благ земных, и всех земных соблазнов.

Вдруг ты, Бауба, откуда ни возьмись.
С широки задом и висячей грудью,
С ужимками своими площадными
И непристойными словами грубой песни,
Приплясывая, юбку задираешь,
И вижу я, и смех сдержать не в силах.

Смеюсь тем смехом, что когда-то знала,
Но с незапамятных времен он был утерян
И мной, и длинной чередой всех женщин,
                          что были до меня.

Sing Me An Earthy Song

To Baubo

I, like the grieving Demeter,
have lost my beautiful, innocent daughter.
She went out to play in the meadow one morning
and never returned.

I look for her everywhere—
in the women my sons bring home in the evening,
whom I talk with intensely at the kitchen table,
in the faces of the younger women I teach,
in the un-mothered women who are everywhere.

My search for her is unwavering,
grief and rage consume me.
How could this be!
Everything is about her loss.
Some days I cannot even move.
My eyes to the ground,
I sit on my stool by the well,
refusing all comfort.

Then, Baubo, you appear.
You, with your pendulant breasts
and wide hips, sing me an earthy song.
You lift your skirts, and spread your thighs,
and I laugh.

I laugh the laugh that has been gone from me
and from my foremothers for eons of time.
It echoes down the canyons
and over the oldest mountains.
It goes on and on forever,
and somehow,
somehow that I do not understand,
it brings my dearest back to me.

Он гулким эхо несется по долинам,
И рассыпается по древним склонам гор,
Он длиться вечно, и сама не знаю как,
Мне смех тот возвращает дочь.

Она пришла,
Вернулась.
Вот она,
И мы идем, обнявшись,
Дочь и мать.
И целый день смеемся, вспоминая
Все то, что приключилось с той поры,
Как мы расстались.

«Вот ягоды брусники вдоль тропинки—
Она ведет к бобровому ручью.
Смотри - они как капли свежей крови,
А вот фазан – тот вестник молчаливый,
Что посещал меня в моем лесном укрытии,
Когда луна, замешкавшись на небе,
Едва касалась в беглом поцелуе
Лучей восхода. А теперь скажи,
Где ты была, и что с тобой случилось
В тот страшный день,
В то роковое утро», - прошу ее.
Но дочь свой взгляд отводит,
И смотрит вдаль. *«Мне, мама, не сказать,*
Нет слов, чтоб это передать,
Случилось то, что больше не должно
Случаться никогда» - и помолчав,
Еще раз повторяет: *«Не должно.»*

«Ты, мама потерпи,
Мне нужно время». - И за руку берет,
И мы идем вдвоем,
Дочь с матерью,
А в глубине земли,
Ворочаются, прорастая зерна.

She is back.
She is here now.
We walk all day,
mother and daughter
laughing together,
and telling what happened
in the time we've been apart.

I show her the partridge berries,
red, like drops of blood
on the path to the beaver pond.
And tell her of the long-tailed pheasant,
who flew like a silent messenger,
through my bower in the woods,
and how it seemed the waning moon rose
just in time to kiss the first light of day.

I ask her to tell me
what happened that terrible morning,
and where she has been.

She quickly turns away
looks far off in the distance.
Mother, there are no words.
Something has happened
that never should have been.
Never, she says again.

Be patient, Mama.
Someday I will have words.

She reaches for my hand.
Mother and daughter walk on.
Seeds stir in the dark earth.

Возвращение Персефоны

В тот вечер, когда Персефона вернулась,
Устав после долгого-долгого дня
И длинной-предлинной
Дороги домой,
Когда золотые лучи разливало
Закатное солнце, окрасив багрянцем Восточный край неба,
Свернувшись клубком,
К Деметре она потеснее прижалась,
Подобно тому, как к медведице -маме,
Сопя, утыкаются в мягкие складки
Ее медвежата,
И сладко заснула.

А что же Геката?
У входа в пещеру,
Где мама и дочка
Заснули, обнявшись,
Она бессловесно
Свой пост заняла,
Их сон защищая.

Как самая старшая,
Верный защитник,
Свидетель всего,
Что судьба им послала.
И, глаз не сомкнув,
Караул там держала
Всю ночь напролет,
Пока месяц и звезды
По темному небу свой путь совершали,
И тихо в их свете вращалась Земля.

PERSEPHONE'S RETURN

And what about the first night back?
Persephone must have been tired
beyond all telling—
it had been a long day
and an arduous journey home.

After the sun set, and
the golden rays of afterglow
spread across the sky,
she curled up beside dear Deo
the way bear cubs curl
into the dark, warm folds
of their mothers,
and she slept.

And old Hecate, what about her?
Without a word
she took her post,
crouching by the entrance
of the cave where
mother and daughter
lay down together.

She, the old one,
protectress and witness
of all that had been,
kept watch through the night,
while the earth turned
and moon and stars
wheeled across the sky.

И мы от нее отвернулись

Она – это все, что у нас тогда было, и мы ее любили-
Единственная женщина в пантеоне мужчин
– царей, пастухов, хозяина постоялого
двора, Иосифа, Гавриила, Бога Отца.
Конечно, мы ее любили.

А потом однажды все изменилось –
Теперь женщина должна быть сильной.
Посмотрев друг на друга, мы сказали:
Сильной, не то, что Мария,
И от нее отвернулись.

От той, чей вечер был нарушен
явившимся ей ангелом.
От той, которая сказала «да»
Крылатому посланнику, не зная,
Что это все сулит, куда ведет.
От той, которая в себе носила
ребенка девять месяцев
и на пороге между двух миров,
подобно mary, открывала двери в один из них,
чтоб он пришел.
От той, что знала, когда наступит час
разжать объятья и отпустить его.
От той, которой было ведомо,
что предстоит увидеть:
Как его убьют за мысли и учение,
за силу исцелять, за то, что добр и
благороден –
за все, что так любила в нем.

Но мы хотели быть сильными,
Не то, что Мария.

And We Threw Her Away

She was all there was, so we loved her.
The only woman in the whole pantheon
of shepherds, kings, the innkeeper,
Joseph, Gabriel, and God the Father.
Of course we loved her.

Then one year everything changed—
the call now was for strong women.
We looked at each other,
and said, *strong,*
not like Mary
and we threw her away.

Not like the one whose afternoon
was interrupted by an angel.
Not like the one who said yes
to the winged visitor, without knowing
what it would mean, nor where it would lead.
Not like the one who carried the child
in the depths of her womb for nine months
and stood like a shaman on the threshold
between the worlds to bring the child through.
Not like the one who knew when his time had come,
and opened her arms full wide to let him go.
Not like the one who knew from the beginning
she would see him killed for his radical teachings,
his healing powers, his kind and generous ways—
the things she loved most about him.

We wanted to be strong.
Not like Mary.

Настоящая родословная Марии
Молитва

Матерь Божья,
Дочь Богини Змей,
Царица Небесная и Земная,
Та, к которой приходит Богиня Птиц,
Звезда морей,
Единая с Матерью Рыб,
Дева Всесильная,
Нежная и свирепая,
Как Мать-Медведица,
Наследница Кибелы, Афродиты,
Деметры, Астарты,
Изиды, Хатор, Иннаны
и Иштар.
Мария, сестра
Гуань Инь и Тары,
Мария Иудейская,
Мария, почитаемая Караном,
Священной книгой мусульман,
Обитель Мудрости,
Сестра Софии,
Пресвятая Царица Роз,
Моренита, Пресвятая Дева Гваделупская,
Внучка Тонанцин,
Обратись к своей бесконечной древней
силе,
Воссоединись со своей истиной
материнской линией,
Найди тех, кого ты можешь назвать
сестрами,
Да живет в нас память о твоей глубине и
силе,
В нас, стоящих сегодня здесь,
Ищущих ответа на то, как сохранить наш

MARY'S TRUE LINEAGE
A poem prayer

Mother of God
Daughter of the Snake
Goddess
Queen of Heaven and Earth
Visited by the Bird Goddess
Star of the Sea
One with the Fish Mother
Virgin Most Powerful
Tender and Fierce as the
Bear Mother
Descendent of Cybele
Aphrodite Demeter
Astarte
Isis Hathor Inanna and
Ishtar
Mary sister of Kwan Yin and Tara
Mary of the Hebrews
Mary revered in the Quran
Seat of Wisdom
Sister of Sophia
Our Lady of Roses
Guadalupe La Morenita
Granddaughter of
Tonantzin
May you draw on your vast
and ancient powers
May you be reunited with
your true Mother-line
and find those whom you
can call Sister
May we remember your
depths and your powers
as we stand here today

расколотый и больной мир.
Призываем тебя на свою сторону,

Не оставь нас,
Будь с нами, когда, обратив свой взгляд в
будущее, мы пойдем вперед.

seeking ways to respond
to our broken and divided world

We call you to our side
Walk forward with us as we
turn and face the future.

THREE

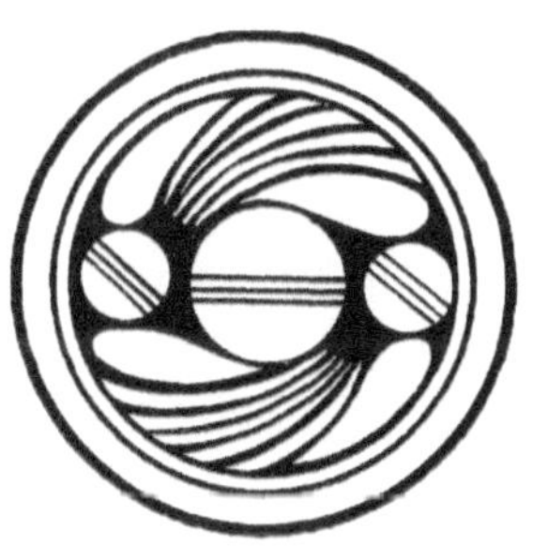

Стол в ночь перед зимнем солнцеворотом

Накрываю на десять человек.
Утром будут друзья и родные.
С вечера сдвигаю столы,
собираю по дому стулья –
надо, чтобы всем хватило,
из недр кладовки вытаскиваю
зеленую коробку с почерневшим серебром –
все, что осталось от семейных богатств,
после того как давным-давно
все, кроме двух чайных ложек,
потерялись в детской песочнице.
Глажу мятые скатерти,
считаю и утюжу салфетки,
из буфета достаю
десять белых чашек.

Делаю шаг назад, чтоб окинуть глазом, и понимаю –
я не одна в этом спящем доме.
Рядом стоит моя мама,
бабушки и
прабабушки.
Они заполняют комнату,
их легионы, совсем древних,
со скрюченными пальцами и
пылающими глазами.
Они тоже не спят
в эту долгую, темную ночь,
накрывают стол для утренней трапезы
в честь возвращения света.

Solstice Table

I have set a table for ten.
Family and friends
will gather in the morning.
I, up late, moving tables,
search the house
for enough chairs,
take tarnished silver
out of the green box
at the back of the closet,
merge family treasures,
since all but two teaspoons
were lost in a children's
sand box long ago.
I iron wrinkled cloths,
smooth and count napkins,
check the cupboards
for ten white cups.

I step back to look—
and realize I am not alone
in this sleeping house.
My mother is by my side.
Grandmothers
and great grandmothers
fill this room,
legions of ancient ones
with gnarled hands
and blazing eyes,
all awake
in the long dark night
preparing the table
for the morning meal
and the return of the light.

Женская группа

Она нас ждет,
когда мы уходим,
а когда возвращаемся,
рада снова приветствовать.

Хранит наше пространство,
Когда мы забываем,
что оно у нас есть.

Принимает в свои объятья,
предлагает отдых,
чтобы мы перевели дыхание.

Глубина ее внимания,
помогает нам делиться своими историями,
теми, которые помним,
и которых пока не знаем

Слушает наши сны
И призывает воплощать все,
что в нас есть.

В ее центре горит огонь,
временами он тих,
как фитилёк свечи,
но временами взрывается
яростным пламенем.

Она -родильная палата,
повивальная бабка и само чрево.
Когда мы с ней,
мы вспоминаем,
то, кто мы есть.

The Circle

She waits for us
when we are gone
welcomes us back
when we return

Keeps our place
when we forget
we have one

She offers us rest
in her holding
a way to breathe again

The depth of her listening
brings forth our stories
the ones we remember
and the ones
we don't yet know

She receives our dreams
and calls us to be
all that we are

There is fire at her center
sometimes steady
like a quiet candle
sometimes raging
and explosive

She is birthing room
midwife and womb
When we sit with her
we remember
who we are.

Примечания

Гея – богиня Земли и мать всего живого.

«Земля – мое тело» – песнопение, которое поэтически выражает идею о том, что люди неотделимы от мира природы. Мы состоим из его элементов. Это песнопение часто исполнялось на женских кругах в США и России. Автор неизвестен.

Дордонь – долина реки на юго-западе Франции, где найдены свидетельства поклонения женскому божеству и существования людей, которые жили в гармонии с природой и ее циклами. Эту картину мира отражают артефакты и
фигурки эпохи неолита (6000–3000 гг. до н.э.).

Деметра – греческая богиня урожая, земледелия и плодородия. Мать Персефоны.

Баубо – земная, эксцентричная богиня. Этот архетип встречается во многих культурах. В гомеровском гимне *Деметре* она известна как Ямба. Персефона – дочь Деметры, похищенная и спрятанная в подземном мире Аидом. В более ранних мифологиях известна как владычица преисподней.

Персефона– дочь Деметры, которую похитил и спрятал в подземном мире Аид (Гадес). В более ранних мифологиях известна как владычица подземного царства.

Део – краткое имя Деметры.

Геката – богиня перекрестков, смотревшая в трех направлениях. Она слышит крики Персефоны, когда её похищают, поддерживает Деметру в поисках дочери и становится спутницей Персефоны, когда та возвращается.

Мария – мать Иисуса в христианской традиции. Её образ связан и с более ранними представлениями о богинях-матерях.

Богиня-змея, Богиня-птица, Медведица-мать — образы, уходящие корнями в эпоху неолита (6500–3500 г.г. до н.э.). Девяносто процентов обнаруженных археологами статуэток той эпохи имели женские черты. В своём стихотворении, посвящённом исследованию подлинного происхождения Марии, я вписываю её в преемственность традиций первых богинь-матерей, представленных в облике животных.

Endnotes

Gaia – Goddess of Earth and Mother of all life.

Chant - *Earth My Body* is a chant that expresses poetically the idea that as humans we are not separate from the natural world. We are made of its elements. This chant was sung often in women's circles in the US and in Russia. Author unknown.

Dordogne – A river valley in Southwest France where there is evidence of the worship of a female deity and of people living in harmony with the earth and its cycles. Artifacts and figurines from the Neolithic period (6,500-3,500 BCE) and even earlier express this world view.

Demeter - The Greek goddess of the grain, the harvest, and the earth. She was the mother of Persephone.

Baubo – an earthy, irreverent Goddess. This archetype is seen in many cultures. In the Homeric Hymn to Demeter she is known as Iambe.

Persephone – Daughter of Demeter who was abducted by Hades and taken to the underworld. In earlier mythologies she was known as the Queen of the Underworld.

Deo – a short name for Demeter.

Hecate – Goddess of the crossroads, who hears Persephone's cries when she is abducted, supports Demeter in her search for her daughter, and becomes a companion to Persephone when she returns.

Mary – Within the Christian tradition *Mary* is the Mother of Jesus. She is in the stream of much earlier Mother Goddesses.

The Snake Goddess, the Bird Goddess, the Bear Mother – These three beings date from the Neolithic period (6,500-3,500 BCE) where ninety percent of the figurines found were female. In my poem exploring *Mary's True Lineage*, I place Mary in the tradition of these earlier Mother Goddesses.

Иллюстрации

Все иллюстрации взяты из книги Марии Гимбутас «*Язык богини*» (издательство Harper & Row, Сан-Франциско, 1989) и используются с разрешения архивного и исследовательского центра OPUS, Санта-Барбара, Калифорния. Все права защищены.

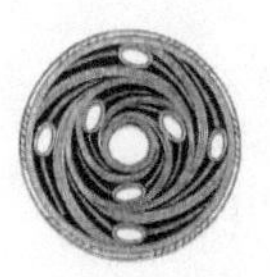

Обложка и внутренний титульный лист. «Язык богини», с. 218, рис. 338. Динамичное завихрение, изображенное на внутренней поверхности блюда (Караново, Северная Болгария, 4500–4300 гг. до н.э.). Яйцо является частью этой композиции. В древней европейской системе верований яйцо символизирует становление, возрождение и восстановление.

Последняя страница и задняя обложка «Язык богини», с. 302, рис. 482 (1). Круговорот животных на крупном сосуде культуры Кукутень (Крутобородинцы, Западная Украина). Лань, собака, коза, козел и гусеница изображены в движении против часовой стрелки. Знаки зодиака, известные нам в их современном виде, имеют древние корни, но сама традиция представлять течение времени в виде круговорота животных возникла еще раньше.

Первый раздел. «Язык богини», с. 283, рис. 443 (2). Графитовая чаша с изображением спирали и двенадцати дисков, вероятно символизирующих годовой цикл с двенадцатью или тринадцатью лунами, культура Караново VI (Тангиру, *недалеко от Бухареста, Румыния, около 4500–4300 гг. до н.э.*).

Второй раздел. «Язык богини», с. 161, рис. 248 (1). Фрагмент керамической посуды из Томашевки (Украина), относящийся к культуре Кукутень (около 3500 г. до н.э.). Роспись представляет собой два яйца, соединённых или пересекаемых змеёй, символом зарождения и начала новой жизни. Изображено чёрным цветом на красном фоне.

All images are from *The Language of the Goddess*, Marija Gimbutas, 1989, Harper and Row, San Francisco. Permission from OPUS Archives and Research Center, Santa Barbara, CA. All rights reserved.

On the front cover and on the inner title page. *The Language of the Goddess*, p. 218, Figure 338 The interior of a Karanovo dish painted with a dynamic whirl from N. Bulgaria, c. 4500-4300 BCE. The egg also forms part of the whirling composition. The egg in the Old European belief system stands for becoming, regeneration, and recreation.

On the inside last page and on back cover – *The Language of the Goddess*, p 302, Figure 482, (1) An animal whirl and procession from a large Cucuteni crater from Krutoborodintsi, in Western Ukraine. The hind, dog, female goat, male goat and caterpillar move counterclockwise in a frieze around the shoulder of the vase. The zodiac as it is known is very ancient, but the tradition of animal whirls and processions which stimulate the motions of time is even older.

Section 1 of the book. *The Language of the Goddess*, P.283, figure 443 (2) Graphite painted bowl, spiral with twelve discs perhaps symbolizing the years cycle with twelve or thirteen moons, Karanovo VI (Tangiru, near Bucharest, Romania, 4500-4300 BCE)

Section 2 of the book. The *Language of the Goddess*, p. 161, Figure 248 (1) Cucuteni ceramic painted with double eggs crossed or joined by a snake, symbol of becoming. Painted black on red (Tomashevka, near Uman, W Ukraine c. 3500 BCE)

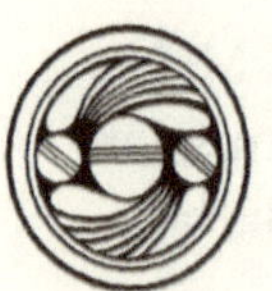

Третий раздел. «Язык богини», с. 93, рис. 154. Посуда позднего периода культуры Кукутень (Валени, Пьятра-Нямц, Северо-Восточная Румыния, примерно 3800–3600 гг. до н.э.). Орнамент включает три линии, ассоциируемые с началом жизненного цикла и таким символом энергии, как круговорот.

Эта иллюстрация также использована на странице с посвящением Гее.

О Марии Гимбутас: Завершив длительную и успешную карьеру в области археологии, Мария Гимбутас посвятила свои дальнейшие исследования тому, что она называла «глубинным пластом»: культурам неолита Восточной Европы (6500–3500 гг. до н. э.). Сама Гимбутас называла эти культуры Старой Европой. Исследования позволили обнаружить подтверждения существования мирных, эгалитарных общин, которые жили в гармонии с окружающим миром и отличались высоким уровнем художественного развития.

Учитывая преобладание женских образов среди находок, Гимбутас пришла к выводу, что в этих культурах почитали женщин и женственность. Она увидела, что наши далекие предки неизменно воспринимали величайшее таинство жизни именно через женский образ. Доказательством этому служат многочисленные фигурки женщин, как в человеческом обличии, так и зооморфные, обнаруженные на территории Европы начиная от палеолитической эпохи и заканчивая неолитическим периодом (дополнительная информация на сайте womenswell.org, переведен на русский язык).

Мои представления, преподавательская деятельность и написанные тексты во многом вдохновлены выдающимися исследованиями Марии Гимбутас.

— Энн Йоманс.

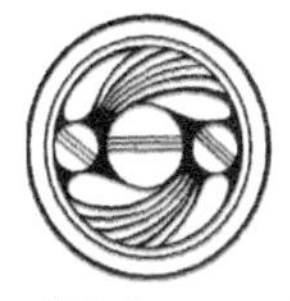 **Section 3 of the book** – *The Language of the Goddess*, p.93, figure 154 (3) Dish with tri-line which is associated with "becoming" and with energy symbols like the whirl. Late Cucuteni (Valeni at Piatra Neamt, NE Romania (3800-3600 BCE)

This image is also used on the dedication page. *For Gaia*

Note on Marija Gimbutas: After a long and successful career, Lithuanian archeologist Marija Gimbutas turned her attention and study to what she would refer to as "the deeper layer," the Neolithic cultures (6500-3500 BCE) of Eastern Europe. She named these cultures *Old Europe*. There she found evidence of communities that were peaceful, egalitarian, highly evolved artistically, and living in harmony with the earth.

Due to their primary emphasis on female imagery, she concluded that these cultures honored women and the feminine. She saw that our ancestors from pre-history consistently represented their understanding of the great mystery of life in female form, as evidenced by the countless figurines of females, both human and animal, that were found throughout Europe dating both from the Neolithic and the Paleolithic eras. (*womenswell.org*)

My thinking, my teaching and my writing have found great inspiration in the remarkable research of Marija Gimbutas.

— Anne Yeomans

Моя история

Уже более полувека я занимаюсь психотерапией, веду группы и женские круги. Основой моей работы стал психосинтез — психологическое и духовное направление, способствующее личностному росту и развитию. В 1972 году я обучалась во Флоренции у его основателя, Роберто Ассаджиоли, с которым обсуждала необходимость возвращения феминных принципов в наш мир. В начале 90-х годов я начала исследовать сакральные женские круги, которые стали местом глубокого исцеления для меня и многих других женщин (см. womenswell.org). Я проводила женские круги в США, Канаде, Англии и России. Я замужем, у меня двое взрослых сыновей, и я бабушка пятерых внуков в возрасте от 7 до 20 лет.

Первые стихи я написала в 2005 году. Тогда мы с мужем Томом переехали из местечка под Бостоном в Западный Массачусетс на ферму 1840 года постройки, и у меня появилось больше свободного времени и свой сад. Для меня это стало сюрпризом, ведь я никогда не считала себя поэтессой. Я выбрала именно эти двенадцать стихотворений, поскольку они отражают темы, которые я исследовала и которые близки моему сердцу: наши отношения с мирозданием, поиск собственного голоса, обретение смелости, исцеление отношений между матерью и дочерью, божественное женское начало, общность и силу круга.

My Story

I have been a psychotherapist, a group facilitator, and a holder of circles for over 50 years. The original orientation for my work came from Psychosynthesis, a psychological and spiritual framework for growth and development. In 1972 I studied in Florence with its founder, Roberto Assagioli, with whom I talked about the great need for the return of the feminine principle to our world. In the early '90s I began to explore women's sacred circles which have been a place of deep healing for me and for many others. (See *womenswell.org.*) I have held women's circles in the US and Canada and in England and Russia. I am married, have two grown sons, and am a grandmother of five.

Poetry came to me first when I moved with my husband, Tom, in 2005 from the Boston area to an 1840's farmhouse in Western Massachusetts and had more time and a garden. It was a surprise—I had not thought of myself as a poet. I have selected these twelve poems because they express themes I have explored in my teaching and which are dear to my heart: our relationship to earth, finding one's voice, gathering courage, healing the mother-daughter relationship, the divine feminine, community and the power of the circle.

Благодарности

НЕКОТОРЫЕ ИЗ ЭТИХ СТИХОТВОРЕНИЙ словно прорастали из самой земли, другие спускались с небес или тихо входили в дом, как старые знакомые, и шептали: «Запиши меня». Я всегда с благодарностью принимала эти дары.

Склоняю голову перед загадочной силой, порождающей поэзию.

Благодарю поэтов Friday Morning – Тришу, Сейворда, Жанну, Молли, Пэт, Кэндес и Сьюзи, которые своей обратной связью и примерами научили меня оттачивать и доводить до совершенства каждую строку. Отдельная признательность Сьюзи Патлав, чья нежная забота, утонченный вкус и мастерство стали для нас путеводной звездой. Берли Мутен также внесла свой бесценный вклад, щедро делясь своим смелым взглядом читателя.
Огромная благодарность переводчицам Марине Бадхен и Анне Саволайнен, чьи усилия создали мосты между языками, позволив нам обучать и проводить наши очные и онлайн встречи в России. Без их участия всё это было бы невозможно. Марина перевела все стихи, собранные в этой книге, а Анна — предисловие и примечания.

Выражаю искреннюю признательность Морин Мур за поразительное мастерство книжного дизайнера, за чуткость и терпеливость ко всем моим правкам и сомнениям. Спасибо тебе, Мо!

Благодарю Крис Вуд за веру в этот проект с самого начала, за ее щедрость и энтузиазм, которые поддерживали меня на всем пути. И Марка Хоровица за его дружбу, четкость и устойчивость, благодаря которым так многое стало возможным.

Моя признательность Энни Ларо, которая, услышав, что я собираюсь преподавать в России, сказала: «Я еду с тобой!» — и трижды ездила со мной, привнося свою живость,

Gratitude

SOME OF THESE POEMS BURST FROM THE EARTH, others dropped from the sky, others just walked over, as if from the neighborhood, and said "write me down". I was always the grateful recipient.

A deep bow of gratitude to the mysterious source from which poems come.

And gratitude also to the Friday Morning poets, Trish, Sayward, Jeanne, Molly, Pat, Candace, and Susie, who taught me through feedback and through example how to refine and tighten these poems. Special thanks to Susie Patlove, who guided us all with such grace, care, and consummate skill. Burleigh Muten also lent a bold reader's eye.

Enormous gratitude, to the translators Marina Badkhen, and Anna Savolainen, who built the bridges of language that made the teaching and the circles in Russia and online possible. Without them none of this would have happened. All the poems in this collection were translated by Marina, and the preface and notes by Anna.

Deep appreciation to Maureen Moore for her amazing skills as a book designer, and for her sensitivity and patience with my many edits and indecisions. Thank you so much Mo. And to Jennifer Browdy, publisher of Green Fire Press, who recognized the beauty and power of the poems and immediately offered to help.

And to Chris Wood who believed in this project from the start, and with generosity and enthusiasm, always supported it. To Mark Horowitz whose friendship, clarity and steadiness made so much possible.

To Annie Lareau, who when she heard I was going to be teaching in Russia, said, "I am coming with you" and came three times, bringing her aliveness, her friendship, and her remarkable

дружбу и другие невероятные дары. Благодарю Демарис Уэр и Хизер Инсворт, которые тоже были со мной в России.

Моя любовь и глубокая благодарность Патриции Рейс, Кэти Зал, Джоан Марлер и Ленор Лефер, которые разделили со мной радости и трудности создания работы в круге, получившей название Женский Источник. Многие из этих стихов родились здесь. Мы все черпали вдохновение из исследований и трудов выдающегося литовского археолога и культуролога Марии Гимбутас (чтобы узнать больше о нашем пути, посетите womenswell.org).

Благодарю Тома, поэта по своей сути, который слушал, вдохновлял и, когда я просила, делился мудрыми и тактичными рекомендациями. Как бы я справилась без твоей поддержки?

И, конечно, моя огромная благодарность всем женщинам, участвовавшим в кругах в США, Канаде, Англии и России, а также всем женщинам, объединенным в круги по всему миру, с кем я не знакома лично. Ваша искренность, упорство и смелость продолжают вдохновлять меня. Не останавливайтесь!

Эти стихи написаны для вас.

creative gifts. And to Demaris Wehr and Heather Ensworth who came too.

My love and deep gratitude to Patricia Reis, Katy Szal, Joan Marler, and Lenore Lefer, who shared with me the joys and the struggles of birthing the circle work that came to be called *The Women's Well*, out of which many of these poems were seeded. All of us were deeply inspired by the research and writing of the remarkable Lithuanian archeomythologist Marija Gimbutas. (see womenswell.org for the further story)

To Tom, poet himself, who listened, encouraged and when I asked, offered insightful and respectful suggestions. Where would I be without your company!

And to all the women in all the circles, in the U.S., Canada, England and Russia, and to those in circles all over the world who I don't know—your honesty, your persistence and your courage continue to inspire me. Keep going!

These poems are for you.

www.ingramcontent.com/pod-product-compliance
Lightning Source LLC
Chambersburg PA
CBHW021346060726
47591CB00006B/2185